LA

LE HUSSARD,

OU

LE SERGENT SUÉDOIS,

PANTOMIME

EN TROIS ACTES ET A SPECTACLE;

Par J. G. A. CUVELIER.

Jouée deux cent cinquante fois, et reprise le 29 frimaire an VII, avec les combats équestres et évolutions, exécutés par la troupe du citoyen FRANCONY.

NOUVELLE ÉDITION.

A PARIS,

Chez BARBA, Libraire, palais du Tribunat, galerie derrière le Théâtre Français de la République, n.° 51.

AN XIII = 1805.

PERSONNAGES.	ACTEURS.
Le Comte de CAUBOR, général des armées de l'empereur.	M. LATOUR.
SOPHIE, sa fille.	M.lle MARIGNI.
LAURÉTO, sergent Suédois.	M. JEAULT.
Le vieux baron de TRAUFMANDORF.	M. PEROUD.
FRITZ-HÉBERT, vieux militaire.	M. SERIZE.
CATHERINE, sa fille.	M.me JEAULT.
CHRISTIERN, hussard, amant de Catherine.	M. JOLIVET.
SARA, vieille gouvernante de Sophie.	M.me LECOUTRE.
BARBEROUSSE, partisan turc.	M. MARTIN.
Colonel des hussards de Caubor.	M. HYPOLITE.
Capitaine des hussards.	M. RAIMOND.
Le chef des Turcs à cheval.	M. PLACY.
Un factionnaire sur le rampart.	M. DEVERS.
Hussard de Caubor.	
Officiers et soldats de toutes armes.	
Turcs à pieds et à cheval.	
Danseurs et Danseuses.	

La Scène est en Allemagne, près de Belgrade.

LA FILLE HUSSARD.

ACTE PREMIER.

Le théâtre représente une forêt : sur la gauche on voit une maisonnette.

C'est au confluent de la Save et du Danube, dans le sein d'une forêt antique, que le vieux Fritz-Hébert, retiré du métier des armes, a fixé son domicile avec une fille chérie.

Christiern, jeune hussard, a distingué Catherine des autres jeunes filles du village ; il a su lui inspirer le premier amour.

L'aurore ouvre à peine les barrières de l'Orient, Christiern a pénétré dans la forêt : il arrive près de l'asyle où repose Catherine, il a préparé un bouquet pour orner son sein ; il l'appelle ; mais en vain, elle est sourde à sa voix ; elle est sourde aux accents d'une romance que l'amour lui a inspirée.

Cependant la fenêtre s'ouvre, Christiern présente son hommage, il est impitoyablement refusé... La croisée se referme.

L'amant rebuté se plaint de son malheur, se tourne encore une fois vers cette demeure qu'habite un objet si cher, mais si cruel. Il se sent touché par une main qu'il croit inconnue. C'est celle de Catherine qui était sortie doucement, et s'était glissée légèrement derrière lui.

Il se retourne, court après elle, et l'attrape. La jeune fille trouve un expédient pour se dérober à ses transports, elle lui demande des fruits d'un noisettier qu'elle lui désigne.

Christiern, alerte, grimpe sur l'arbre, détache des fruits, les jette dans le tablier de Catherine, descend, et veut en recevoir le salaire.... Un baiser... Catherine résiste à ses empressemens; mais l'adroit hussard se glisse à son tour derrière elle, et l'embrasse à la dérobée. Cependant il entraîne son amie sur un gazon de verdure pour manger les fruits qu'il a cueillis... Tout-à-coup un obstacle vient, bien mal-à-propos, troubler un entretient qui n'était pas commencé... Le père arrive.

Quel embarras ! Catherine hésite, Christiern reste debout sans mot dire.... Le vieillard voit bien qu'il est un peu tard pour se fâcher.... Quand on ne peut rien gagner en grondant, demandez aux bonnes mamans ce qu'il faut faire: ce que fait notre vieux soldat... Pardonner.

Ce n'est pas tout. Les deux amans s'aiment, il faut combler leurs vœux, il faut les marier: Christiern jure à sa maîtresse un amour éternel; l'heureux père va le sceller des nœuds de l'hymenée.

Tandis qu'ils conversaient, un léger nuage s'était peu-à-peu étendu, et embrassait déjà une partie de l'horison. A l'approche de l'orage, le jeune couple et le vieux père se refugient dans la chaumière.

Tout-à-coup, à travers les éclats de la foudre, Barberousse et ses Turcs ont pénétré jusqu'à la chaumière dont ils enfoncent le porte. Elle est pillée en un instant. Christiern veut leur résister et défendre son amie ; il saisit un vieux sabre, et attaque un des agresseurs, qu'il poursuit jusqu'au fond de la forêt. Entraîné par son courage, il oublie sa bien-aimée, qu'il va perdre en voulant la sauver.

Fritz-Hébert oppose une résistance inutile, les brigands dédaignent ses impuissans efforts. Sa fille, sa Catherine, est enlevée à ses yeux, à la face du ciel qu'il invoque vainement.

L'orage avait cessé. Le vieillard, effrayé de l'affreux silence qui règne autour de lui, appelle en vain sa fille ; déjà il se livrait au désespoir, lorsqu'il voit arriver un ange libérateur ; c'est Lauréto.

Né sous un climat étranger, mais attaché au service de l'Allemagne, un trait de valeur lui a mérité le grade de sergent d'une compagnie de grenadiers. Il voit Fritz-Hébert ; son infortune le touche ; il en apprend la cause ; il ne se borne point à de stériles consolations, il lui promet de lui rendre sa fille.

A sa voix, ses fidèles grenadiers approchent ; il va marcher avec eux contre les partisans Turcs : Fritz-Hébert suit des yeux ses généreux défenseurs, et les accompagne de ses vœux.

Un bruit éclatant de chasse fait retentir les échos de la forêt ; Fritz-Hébert s'éloigne. C'est dans cet endroit que des chasseurs viennent faire halte ; une jeune fille en élégant habit d'amazone, le comte de Caubor, son père, le vieux baron de Traufmandorf, odieux amant de Sophie, sont ceux pour qui l'on prodigue les égards. On prépare une collation : les chasseurs se livrent à leur appétit dévorant; le vieux baron veut se rendre aimable, il n'est que plus ridicule : il offre à Sophie des mets exquis, des rafraîchissemens, ses offres sont repoussées.

Le comte tire à part sa fille ; il lui représente les raisons importantes qui l'ont déterminé à l'accorder au baron. Nommé géuéral des forces destinées contre les Turcs, il lui faut des sommes considérables pour représenter d'une manière convenable à son rang. Il lui assure que son consentement peut seul faire son bonheur.

Sophie était ébranlée, son père la serrait dans ses bras, elle allait tout accorder; le baron montre sa figure détestée; le voile de l'illusion est déchiré : Sophie s'évanouit.

L'attention générale qu'occasionne cet accident, est néanmoins détournée par l'arrivée d'un jeune militaire qui apporte Catherine en triomphe sur ses épaules.

C'est Lauréto, il est parvenu à l'arracher aux mains de ses ravisseurs. Il la ramène à son père. Fritz-Hébert raconte les détails de l'enlèvement au général; Lauréto ajoute qu'il les a poursuivis au-delà du Danube, et les a mis en déroute complète.

Le général le loue de son courage, et lui donne ordre de faire pousser plusieurs partis dans le bois, pour éclairer les bords du fleuve. Il se dispose à obéir. Le baron, persuadé que le danger est loin, croit qu'il n'est pas hors de propos de faire montre de bravoure; il tire son épée et veut aller lui seul exterminer l'ennemi.

Sophie avait admiré la bravoure du sergent, et plus particulièrement sa bonne mine; un coup-d'œil de comparaison entre un beau jeune homme et le vieux monstre qu'on lui destine, lui a enlevé tout son courage et toute sa résolution.

A peine le comte est-il resté seul avec sa fille et quelques personnes de sa suite, les Turcs, furieux de s'être vu ravir leur proie, s'étaient ralliés ; ils arrivent au lieu du rendez-vous, se jettent sur tout ce qui fait résistance, et enlèvent les chevaux.

Le général, abandonné de tous ses timides compagnons, fait seul bonne contenance, et serrant sa fille dans ses bras, il la couvre de son corps, et la défend avec son épée. Mais que peut le courage contre le nombre ? Entouré, désarmé, arraché des bras de sa fille, ils sont l'un et l'autre étroitement liés à deux troncs d'arbres.

Les Turcs veulent poursuivre leur victoire, et laissent leurs prisonniers à la garde de quatre d'entre eux.

Les Spahis se jettent avidement sur le reste des mets ; le vin du Rhin embrouille bientôt leurs têtes, peu accoutumées aux vapeurs spiritueuses du jus de la treille.

Mais, horrible spectacle pour un père !... Sophie a à essuyer les outrages de ces brigands. Elle se voit en butte aux propositions les plus révoltantes. En vain le comte veut-il briser ses fers, il se consume en inutiles tentatives. Mais les Turcs, appésantis par l'excès de leur ivrognerie, s'endorment aux pieds d'un chêne touffu.

Lauréto revient dans ce lieu de désolation ; il istingue son général et l'aimable Sophie attachés à des arbres, et leurs gardiens endormis aurès d'eux. Il se glisse le long de la bruyère, saute sur deux pistolets ennemis, les coups partent, deux Turcs passent, sans s'en appercevoir, du sommeil à la mort. Un troisième veut se défendre. De son large cimeterre, il assène un coup sur la tête de Lauréto, et l'atteint au-dessus de l'œil gauche. Celui-ci trouve un fusil sous sa main, et est bientôt vengé de sa blessure.

Oubliant sa propre douleur, il vole à Sophie, il brise ses liens, brise ceux de son père avec le secours de Fritz-Hébert, de sa fille et de Christiern accourus au bruit.

Le premier mouvement de Sophie est pour la nature, le second est pour la reconnaissance. A l'aspect du sang de son généreux défenseur, elle jette un cri d'effroi. Elle arrache le mouchoir qui couvre son sein, elle le déchire et en bande la blessure, qui, heureusement, est légère.

Cependant les coups de feu avaient fait replier les védettes : Christiern était revenu avec son amante et son beau-père.

Sophie détache un collier de perles, et veut en récompenser son libérateur. Le généreux Lauréto le refuse... *On ne fait pas cela pour de l'argent.* Sophie en fait présent à Catherine.

Le général approuve le désintéressement de ce brave jeune homme ; et, pour s'acquitter d'une manière plus convenable, il tend ses bras à Lauréto, l'y serre avec transport, et lui promet un avancement rapide. Lauréto part à la tête des troupes. Les chasseurs, Fritz-Hébert, et sa fille se retirent; il ne reste plus sur la scène que les trois cadavres et Barberousse, qui, heureusement pour lui, ne s'étant pas réveillé au bruit des pistolets, était demeuré sain et sauf. Il se lève

lève enfin, et reconnaît que ses camarades sont morts et que les bouteilles sont vuides... Il en trouve cependant encore une, il s'en saisit, et oit à longs traits.

Le vieux baron vient rejoindre sa compagnie, ais ne la trouve plus ; il marche, sans s'en appercevoir, sur les cadavres, et se laisse tomber. Sa ayeur redouble en appercevant Barberousse. Ils tirent l'un et l'autre leur épée ; mais, persuadés réciproquement de la valeur de leur adversaire, ils se jettent à genoux. Le baron, présentant son épée par la garde, demande la vie. L'épée heurte la bouteille, la casse, et le Turc, se croyant atteint du même coup, tombe contre terre, et laisse au baron le temps de se relever et de s'esquiver.

Fin du premier acte.

ACTE II.

e théâtre représente le parc du château du baron de Traufmandorf, chez lequel le comte et sa fille étaient reçus. Le fond du théâtre laisse voir l'intérieur des fortifications, surmontés d'une vieille tour ; une sentinelle se promène sur la plate-forme.

De retour au château, Sophie avoit saisi le remier moment favorable pour se rendre dans e parc. Là, assise, elle s'abandonne à de douces êveries. La vieille Sara, sa nourrice, vient la joinre. La bonne femme, éclairée par une ancienne xpérience, trouve dans la situation de Sophie uelque chose d'extraordinaire ; elle en démêlait sément la cause ; elle parvient à lui en arra-

B

cher la confidence, et lui prodigue ses consolations. Sophie, craignant pour les jours de son amant, est prête à s'évanouir. Cependant, on frappe à la porte extérieure, la bonne ouvre, c'est Lauréto. C'est l'amant de Sophie qui vient timidement déclarer sa passion. Sophie l'écoute avec joie, et bientôt ils se jurent un amour qui ne finira qu'avec leur vie.

Tout-à-coup, au son des flageollets et des musettes, arrivent les jeunes garçons et les jeunes filles du village, conduits par Fritz-Hébert et ses heureux enfans. Les bonnes gens viennent offrir à leur aimable libérateur, la couronne due à son courage. Elle lui est donnée par les danseurs qui s'en disputent la gloire. Sophie unit les mains de Christiern et de la belle Catherine. Les danses continuent ; Sophie danse une allemande avec son cher Lauréto.

Sur ces entrefaites, le comte et le baron, attirés par le son des instrumens villageois, arrivent à l'improviste. A leur aspect, les plaisirs font place à la triste contrainte.

Le comte, surpris de la nouveauté de la fête, l'est bien davantage en croyant remarquer une intimité entre le sergent et sa fille. Ses regards sévères, promenés tour-à-tour sur eux, les font rougir et confirment ses soupçons.

Traufmandorf ressent un vif dépit en voyant les égards de Sophie pour ce beau jeune homme. Le général ordonne à Lauréto de se retirer. Il obéit, mais il se cache en tapinois dans la charmille.

Le comte de Caubor renouvelle à sa fille ses instances pour son union avec Traufmandorf. Elle refuse ; son amant craignant de la voir céder à la tyrannie, se rapproche d'elle, il est surpris par le comte qui lui lance un regard menaçant. Tout est découvert. Lauréto et Sophie avouent leur tendresse mutuelle. Le comte indigné, mais ne voulant pas pousser au comble l'ingratitude envers son bienfaiteur, ordonne à Lauréto qu'il ait à se rendre sur-le-champ à son poste, et lui annonce qu'il lui procurera de l'avancement dans une autre colonne de l'armée.

Un soldat amène un espion turc; il montre au baron le plan de fortification qu'il avait déjà levé. Le baron sort avec eux.

Les préparatifs se font pour le départ. Le parc est rempli de soldats et de cavaliers; on se met en marche: Sophie suit de loin son cher Lauréto; enfin il disparaît.

Le baron, resté seul avec Sophie et sa bonne, croit le moment favorable pour faire une déclaration. Il veut se jetter aux genoux de Sophie, mais il tombe ridiculement par terre; décontenancé, il se laisse reconduire par Sara qui éclate de rire.

Sophie se désespère de voir partir son Lauréto, elle a peur de ne plus le revoir. Quelqu'un entre. Bonheur inespéré! c'est lui! il s'est dérobé secrètement, et vient dire un dernier adieu à Sophie. Elle lui donne une boucle de ses cheveux, et reçoit en retour le bandeau qui avait pressé la blessure de son amant, elle l'attache à son bras.

La bonne Sara, pour seconder les transports des amans, veille à la porte; mais le vieux baron les apperçoit de la platte-forme, il descend, il reproche à son rival ce qu'il appelle une honteuse désertion. Lauréto veut répliquer, Traufmandorf lève sur lui une canne infamante; Lauréto, indigné, saute sur la canne, oublie les lois sévères de la discipline, la brise, et tire son épée contre le baron.

Aux cris du major, les gardes accourent; l'infortuné sergent est en un instant chargé de chaînes, et Sophie confinée dans la tour.

La nuit étend son crêpe funèbre; des védettes sont placés de distance en distance, Christiern est placé au pied de la tour. Persuadé que c'est dans cet affreux séjour qu'est renfermée l'infortunée Sophie, il crie plusieurs fois : *qui vive ?* A cette voix que Sophie croit reconnaître, elle paraît au haut de la tour; elle veut sauver les jours de son amant, elle prie Christiern de favoriser son évasion. Celui-ci ne pouvant la détourner de son entreprise, lui conseille d'attacher son écharpe à l'un des créneaux de la tour, et de descendre à l'aide des trous que le tems a creusés dans le mur. Sophie s'y prépare, mais dans ce moment critique, la ronde-major passe, Sophie rentre : Christiern se remet à son poste.

Lorsque le danger est passé, Sophie attache son écharpe, en jette l'autre bout à Christiern, et descend. Elle est déjà dans ses bras : la sentinelle placée sur le rempart, crie trois fois *Werdaw.* (qui vive).... Point de réponse. Un coup de fusil part : Sophie, qui heureusement n'est point atteinte, tombe évanouie dans les bras de Christiern. Il l'a dépose derrière une bruyère qu'il recouvre de son manteau dont la couleur se marie, dans l'obscurité, avec la verdure. Il tire ensuite un coup de pistolet.

Le baron accourt avec ses gens. Christiern lui

dit qu'il a vu descendre un fantôme blanc de la tour, et prendre un chemin qu'il indique. Le baron s'emparant de la ceinture de Sophie, ne doute plus de son évasion. Il court à sa recherche : peine inutile. On ne la trouve pas. La garde rentre dans le château.

Christiern, au comble de la joie, va retrouver Sophie. Pour faciliter sa fuite, elle se couvre de son manteau, prend son bonnet, et s'achemine vers la demeure du bon Fritz-Hébert. Christiern, à genoux, rend grace au ciel de son succès.

Fin du second Acte.

ACTE III.

Le théâtre représente un bocage ; à gauche est Lauréto, enchaîné à un tronc d'arbre, à droite est la tente du général qui expédie ses ordres. Au milieu, les soldats entourent une vivandière qui leur sert à boire ; ils tirent aux dez à qui payera les différens écots. Des troupes rangées en bataille, partent pour leur destination.

Le comte de Caubor, touché de l'infortune du prisonnier, sentant la reconnaissance prendre le dessus sur sa fierté, allait rompre les chaînes du valeureux sergent, lorsque le vieux major arrive, l'instruit de la fuite de sa fille au moyen de son écharpe. Le général indigné, reprend toute sa sévérité, ordonne la convocation du conseil de guerre, et sort. Lauréto ravi d'apprendre l'évasion de Sophie, voudrait pouvoir la rejoindre, il voudrait briser ses chaînes, mais sa fureur est infructueuse ; ses gardiens le menacent de leur sabre s'il cherche à les secouer.

Les surveillans du sergent s'éloignent : un de ses amis propose de briser ses fers et de passer à l'ennemi. Lauréto repousse cette proposition ; mais accepte un coup de brandevin que le soldat lui donne pour le restaurer.

Christiern arive bientôt avec un jeune hussard que Lauréto, agréablement surpris, reconnaît être son amante. Sophie lui jure qu'elle le sauvera ou périra avec lui. Lauréto, résigné à la mort, la conjure de s'éloigner, il craint qu'elle ne soit reconnue ; Christiern, pour la mieux deguiser, ombrage ses lèvres de rose de moustaches postiches, et il disent adieu à Lauréto.

Le général revient, le conseil de guerre s'assemble. Lauréto est déchaîné ; le baron apporte en témoignage et la canne que Lauréto a brisée, et l'épée dont il a voulu le frapper ; celui-ci avoue les faits. Les membres du conseil de guerre le jugent coupable : le général prononce sa condamnation les larmes aux yeux.

Une pancarte, déployée aux yeux du sergent portant cette inscription, *les verges jusqu'à la mort*, annonce à Lauréto se sort affreux qui lui est réservé. Ce supplice infamant excite son indignation et son désespoir. En vain tous ses camarades se jettent aux pieds de leur général ; il demeure inflexible, et va ordonner les apprêts de l'exécution.

Le vertueux sergent annonce à son général que sa mort entraînera celle de Sophie, et que ses mânes s'élèveront contre lui.

Le lieutenans de Lauréto le console ; il lui permet d'avoir une entrevue particulière avac Christiern.

Celui-ci dit à son ami les derniers adieux et se charge, pour Sophie, d'une lettre que Lauréto écrit à la hâte.

Déjà la rue fatale est formée, Lauréto est dégradé et dépouillé de son uniforme ; le comte, en cassant une baguette blanche, donne le signal du supplice ; Lauréto en distribue lui-même les instrumens. Les baguettes sont levées.... Soudain un jeune hussard s'élance à travers les rangs et couvre Lauréto de son corps

Le comte indigné de son audace, le repousse, l'inconnu arrache ses fausses moustaches. Quel coup de foudre ! Le comte reconnaît sa fille, sa Sophie. Elle tire de sa ceinture un pistolet, en pose le canon dans sa bouche, et menace de lâcher la détente au premier coup qui frappera son amant. Le comte, épouvanté, sent qu'il est père, détourne les yeux, et fait signe de la main de suspendre le supplice.

Mais bientôt il songe que, par cette faiblesse, il va porter à sa propre gloire et à la discipline un double coup irréparable ; il s'arme de dissimulation, promet à sa fille la grace de Lauréto, et lui demande le terrible pistolet. Sophie, pleine de confiance dans son père, remet son arme. A peine le comte l'a-t-il reçue, ô trahison ! il ordonne d'accomplir le vœu de la loi, et fait saisir à la fin Sophie et le coupable.

Déjà les soldats, devenus bourreaux malgré eux, allaient déchirer en lambeaux le corps du vertueux sergent : on entend, dans le lointain, un feu d'artillerie et de mousquéterie. Les védettes qui se replient, annoncent que le camp est surpris par les Turcs.

Cet accident suspend l'exécution. Lauréto est enchaîné, et Sophie gardée à vue. Le vieux baron menace son rival. Celui-ci, outré de sa forfanterie, veut se jeter sur lui, mais sa chaîne le retient ; un de ses gardiens lui présente la pointe de son sabre pour le faire reculer. Traufmandorf se cache prudemment dans une tente.

La cavalerie turque traverse le camp et attaque les impériaux qui sont d'abord repoussés ; l'escorte des deux captifs prend la fuite, à l'exception de deux. Christiern arrive, et supplie ses deux camarades d'abandonner leurs prisonniers. Ils refusent. Christiern leur présente ses pistolets. Ils prennent la fuite. Il romp les fers de Lauréto, qui prend une arme, ainsi que Sophie ; ils se mêlent parmi les combattans.

L'asyle du baron est découvert pas un soldat turc qui le force de combattre, et lui porte un coup qui termine sa carrière.

Pendant l'action, le comte de Caubor avait été grièvement blessé : on le rapporte à sa tente, sur un brancard. Les Turcs attaquent son escorte, la mettent en fuite. Le comte se défend avec la lance de son drapeau, mais on la lui arrache. On allait le percer, lorsque Lauréto accourt, s'empare du drapeau, et terrasse celui qui s'en était emparé, tandis que Sophie, Christiern et les autres soldats avaient mis les Turcs en déroute complète.

Lauréto et Sophie se jettent aux pieds du comte, qui, pénétré d'admiration pour la générosité de ce jeune guerrier, ne balance plus à l'unir à l'objet de ses vœux.

F I N.

www.ingramcontent.com/pod-product-compliance
Lightning Source LLC
Chambersburg PA
CBHW061958070426
42450CB00009BB/2060